DE HEKSENPROCESSEN VAN SALEM

Demonologie en massahysterie in Massachusetts

DE HEKSENPROCESSEN VAN SALEM

Demonologie en massahysterie in Massachusetts

geschreven door Jonathan Duhoux
vertaald door Nikki Claes

50MINUTES.com

DE HEKSENPROCESSEN VAN SALEM

- **Wanneer is het gebeurd?** In 1692

- **Waar?** Salem, Massachusetts, New England

- **Context?** Amerikaanse koloniale geschiedenis

- **De hoofdrolspelers?** De inwoners van Salem Village en omgeving

- **Implicaties?**

  - de doodstraf van 19 mensen, de dood van acht anderen en de opsluiting van meer dan 150 verdachten

  - het verval van de puriteinse invloed in de politiek

  - het verbod op beschuldigingen van hekserij in New England

In de 18e eeuw was Massachusetts een welvarende kolonie en een toevluchtsoord voor puriteinen die vervolging in Engeland ontvluchtten. De Engelse kolonisten werden voortdurend lastiggevallen door de Fransen en de Indianen, maar stichtten desondanks bloeiende steden, zoals Salem, niet ver van Boston. Deze constante conflicten creëerden echter een klimaat van angst. Zozeer zelfs dat in januari 1692 gewone hysterische aanvallen een ongekende psychose veroorzaakten onder de bevolking van Salem. Verschillende kinderen vertoonden vreemde symptomen: de dochter en het nichtje van dominee Parris leken bezeten door demonen. Bij ondervraging gaven de meisjes de namen van verschillende heksen op. Een van hen, de slavin van de twee meisjes, bekent snel aan de magistraten en bekent een pact te hebben gesloten met de duivel, die haar sindsdien dwingt haar jonge minnaressen te kwellen. Ze beweert ook dat er veel andere heksen zijn. De inwoners zijn bang en geloven allemaal dat Satan het nieuwe land van de puriteinen probeert te vernietigen. De magistraten waren meedogenloos in hun jacht op hekserij en namen meer dan 150 verdachten gevangen, van wie er 19 werden opgehangen.

Hoewel dit een beperkte gebeurtenis was, ging het onderwerp al snel deel uitmaken van de collectieve verbeelding en laat het drie eeuwen later nog steeds zijn sporen na.

CONTEXT

HEKSEN, SATANS SECONDANTEN

Heksen hebben altijd een belangrijke rol gespeeld in de verbeelding. Hoewel ze vaak worden beschreven als ongevaarlijk, zelfs als genezende krachten bezittend of als marginaal, is er sinds mensenheugenis op hen gejaagd. In het Oude Testament wordt hekserij beschouwd als een gruwel en "zal worden gestraft met de dood…" (Lev 20:27), maar de figuur van Satan wordt nauwelijks genoemd. Het Nieuwe Testament volgt dezelfde lijn en veroordeelt ook alle magische praktijken.

Het beeld van de duivel als de antithese van God en de vorst der duisternis is gecreëerd door de christenen. De Boze perverteert de zwakken, corrumpeert hun zielen en is een materiële bedreiging voor het spirituele rijk. Als het geloof van de christen wankelt, kan Satan hem met zijn boosaardigheid op een dwaalspoor brengen en hem naar de hel leiden. In de eerste eeuwen van de Middeleeuwen beperkte de Kerk zich echter tot theoretische beschouwingen en deed het bewijs van hekserij af als oudewijvenverhalen.

Na de tragische episode van de Zwarte Dood (1346-1352), die Europa decimeerde en bijna 25 miljoen mensen het leven kostte, werden zekerheden en overtuigingen op de proef gesteld. Te midden van deze algemene malaise vond de inquisitie het satanisme uit als een georganiseerde cultus die God vijandig gezind was. De Kerk mengde vrolijk de begrippen hekserij en ketterij, waardoor zij elke geloofsbreuk kon beoordelen als een perversie van de Boze. Voor de inquisiteurs betrof hekserij vooral vrouwen, die als zwakker werden beschouwd en vatbaarder voor suggestie en passies. Al deze elementen dragen ertoe bij dat zij slachtoffers worden die hun ziel gemakkelijker aan de duivel overgeven. Tegelijkertijd creëerden theologen een schat aan demonologische literatuur, waarvan een van de beroemdste de *Malleus Maleficarum* (*"De Hamer der Heksen"*) was, gepubliceerd in 1487, die alle informatie verschafte om heksen op te sporen en uit te schakelen.

 ## KETTERIJ TEGENGAAN

De inquisitie is een kerkelijk tribunaal dat verantwoordelijk is voor de jacht op ketters van het katholieke geloof. Ze werd opgericht in de XIIe eeuw en werd volledig geïnstitutionaliseerd met het IVe Lateraans Concilie (1215), dat de te volgen procedures nader omschreef. De straffen varieerden van enkele gebeden tot de doodstraf, afhankelijk van de ernst van het gepleegde feit en het bewijs van schuld. Hoewel de inquisitie regelmatig haar toevlucht nam tot martelingen, werd haar reputatie vooral aangetast door tegenstanders van de rooms-katholieke kerk. Veel minder gewelddadig dan in de legenden, waren de inquisiteurs milder met heksen dan de burgerlijke rechtbanken in de 17e en 18e eeuw.

In de collectieve verbeelding verzamelen heksen zich in de bossen om deel te nemen aan sabbats, waar grote orgieën en allerlei gedrochten plaatsvinden: ze zouden gemalen vlees gebruiken om kwade brouwsels te bereiden, met Satan paren om demonisch gebroed te produceren en in staat zijn om met een simpele blik spreuken uit te spreken. Tegenover zo'n vijand pleiten demonologen voor gewelddadige onderdrukking. Onder dwang van foltering bekennen duizenden vrouwen uiteindelijk alles wat hun folteraars suggereren, om een einde te maken aan hun kwelling.

Aan het einde van de 18e eeuw werden de heksenprocessen in Europa minder frequent en in de daaropvolgende eeuw, toen de geesten werden verlicht door de Verlichting, doofden ze volledig uit. Maar in Amerika werden de Europese kolonisten geconfronteerd met een nieuwe, mysterieuze en vijandige wereld, die voorouderlijke angsten terugbracht.

AMERIKA, LAND VAN KETTERIJEN

Vanaf het einde van de 17e eeuw probeerde Engeland de wereld te veroveren door nieuwe gebieden te koloniseren. Daartoe vertrouwde het land op een machtige vloot, de Royal Navy (die in 1660 de Koninklijke Marine werd), die gedurende de hele 18e eeuw haar suprematie liet gelden.

Tijdens het bewind van James I (1566-1625), koning van Engeland vanaf 1603, begonnen de Britten met de verovering van Amerika met als doel de economie te stimuleren door bevolkingsgroei. Het vergroten van de bevolking werd daarom een prioriteit en de Engelsen stichtten 13 nederzettingen langs de oostkust.

De bevolkingscijfers zijn nog steeds vrij onnauwkeurig door het ontbreken van tellingen. Van de Engelse kolonies onderging Massachusetts een bijzonder belangrijke demografische expansie. Met nauwelijks een half duizend kolonisten in 1630, overschreed de bevolking 50 000 zielen aan het einde van de 18e eeuw. De steden Boston en Salem, die bijzonder welvarend waren, trokken veel migrantengezinnen aan.

In New England lag de nadruk op het evangeliseren van de inboorlingen, zoals blijkt uit de oorkonde van de Massachusetts Bay Company: "Het voornaamste doel van de nederzetting [is] de inboorlingen van het land te winnen en te bewegen tot de kennis en gehoorzaamheid van de enige ware God en Redder van de mensheid, en van het christelijk geloof." (Geciteerd in BERNAND (Carmen) en Gruzinski (Serge), *Histoire du nouveau monde*, tome 2, Parijs, Fayard, 1993, blz. 611).

Hoewel de meeste Indianen de kolonisten aanvankelijk verwelkomden en de puriteinen de plaatselijke producten leerden verbouwen, leken sommigen van hen gefascineerd door de inboorlingen en braken uiteindelijk de wetten en verloochenden God. Puriteinse predikers merkten dit op en radicaliseerden hun toespraken en stelden de inboorlingen voor als zondaars of zelfs als een satanisch ras dat door de duivel was gestuurd om te voorkomen dat het christendom wortel zou schieten in deze nieuw gekoloniseerde landen. Als gevolg daarvan raakten de kolonisten die zich hadden aangepast aan de inheemse cultuur ervan vervreemd en namen de conflicten tussen de twee beschavingen toe. De Indianen verloren veel van hun mensen in de strijd, maar ook als gevolg van door de kolonisten meegebrachte ziekten waartegen zij niet bestand waren.

Bovendien was er een andere vijand, de Fransen, die hun oog lieten vallen op het grondgebied van de Engelse koloniën. Vaak verbonden met Indiaanse stammen, maakten ze het leven moeilijk voor de Engelse kolonisten.

SALEM, PURITEINS TOEVLUCHTSOORD

Aan het einde van de 17e eeuw werden de puriteinen in Engeland vervolgd. Koningin Elizabeth I (1533-1603) en haar opvolgers hadden geen waardering voor de eisen van deze calvinistische beweging, waarvan de leden Engeland wilden zuiveren van katholieken en de macht wilden grijpen om hun visie aan de samenleving op te leggen. Vervolgd, vluchtten de puriteinen massaal naar Massachusetts, een nieuw land dat hen in staat stelde een wereld naar hun idealen vorm te geven.

Na de stichting van Plymouth stichtte een kleine groep puriteinse kolonisten in 1628 Salem aan de oevers van Massachusetts Bay, waar het land vruchtbaar was. Het handvest van de Massachusetts Bay Company, handig onderhandeld met de koning, stond hen toe vrijwel onafhankelijk te zijn van Engeland. Om er te mogen wonen, moesten de kolonisten een contract ondertekenen waarin stond dat zij zich zouden houden aan de puriteinse voorschriften: geloven in de enige ware God, hard werken, streng en gedisciplineerd zijn, en de vrijheid verdedigen. Met een sterk arbeidsethos en een gevoel van spaarzaamheid op de voorgrond werden de uiterlijke tekenen van rijkdom gezien als een weerspiegeling van persoonlijke verdienste en goddelijke goedkeuring.

 ## VEEL VOOROPGEZETTE IDEEËN

Hoewel de puriteinen inderdaad streng en rigoureus waren, bestaan er veel misvattingen over hen. Puriteinen leiden geen kloosterleven, hoewel zij matigheid prediken. Zij wijzen seksuele praktijken niet af; integendeel, het wordt zelfs aangemoedigd binnen het huwelijk. Evenzo wijzen zij alcoholgebruik niet af, zolang het redelijk blijft. Tenslotte, in tegenstelling tot het stereotype dat Hollywood propageert, kleden puriteinen zich niet helemaal in het zwart. Deze vooroordelen zijn zo diepgeworteld dat zelfs vandaag de dag de term "puritein" synoniem is met kuisheid, soberheid, ingetogenheid en ontbering.

De bevolking, meestal agrarisch, werd snel verrijkt door vele immigranten. De stad breidde zich steeds verder uit, zodat al snel verschillende gemeenschappen ontstonden: Salem Town bleef de belangrijkste en meest welvarende; Salem Village, ook wel Salem Farms genoemd (tegenwoordig Danvers), verenigde meer geïsoleerde concessies. In deze laatste gemeenschap vonden de dramatische gebeurtenissen van 1692 plaats.

HET PROCES

KINDERANGSTEN, SATANS GROOTSTE WAPEN

Het was in de pastorie zelf dat het kwaad zich voor het eerst manifesteerde in Salem Village. Sinds 1689 werd de plaats bewoond door dominee Samuel Parris (1653-1720), zijn familie en zijn bedienden. Dominee Parris was nogal verbitterd en accepteerde zijn vele mislukkingen niet: zijn plantage werd verwoest door een orkaan op Barbados (een eiland in de Caraïbische Zee) en zijn handelsonderneming in Boston ging failliet. Hij werd predikant in de hoop eindelijk wat aanzien te verwerven en werd toegewezen aan een moeilijke gemeenschap, Salem Village. De gemeenschap ging gebukt onder conflicten tussen de families Putnam en Porter en iedereen is wantrouwig tegenover buitenstaanders. Parris' gefrustreerde aspiraties werden vaak weerspiegeld in zijn preken.

Winters in Massachusetts zijn streng en de winter van 1691-1692 was geen uitzondering. Elizabeth (Betty) Parris, 9 jaar, en Abigail Williams, 11 jaar, respectievelijk de dochter en het nichtje van dominee Parris, brachten hun lange dagen door in het gezelschap van de slavin van de familie, Tituba. Dit Indiaanse meisje, door dominee Parris teruggebracht uit het Caribische gebied, biedt haar familie een zeker aanzien, want slaven zijn schaars in Salem Village. Om de meisjes te vermaken, vertelt Tituba hen verhalen uit haar jeugd en voert ze goocheltrucjes uit.

Hoewel het slechts een spel is, zijn de twee meisjes verontrust omdat dominee Parris in zijn preken vaak uitlegt dat magie en waarzeggerij kwade kunsten zijn die door de volgelingen van Satan worden beoefend. Verscheurd tussen het genot van het verbodene en het schuldgevoel, zakken Betty en Abigail langzaam weg in hysterie. Vanaf januari 1692 begonnen de twee kinderen zich vreemd te gedragen. Volgens geruchten spraken ze een onbekende taal, schuifelden ze met hun voeten, weigerden ze gebeden en kregen ze hevige stuiptrekkingen. Geconfronteerd met zulke symptomen konden de lokale artsen geen diagnose stellen. Maar op een dag opperde een van de beoefenaars, William Griggs, de mogelijkheid van een satanische betovering: "De hand van de duivel is op hen", zei hij (geciteerd door CRETE (Liliane), *Les sorcières de Salem*, Parijs, Julliard, 1995, blz. 51). Geleidelijk aan worden andere jonge meisjes uit Salem getroffen door hetzelfde kwaad. Het zijn Ann Putnam Jr. en Elizabeth Hubbard. Buren van de pastorie en vrienden van Betty en Abigail, woonden zeker de door Tituba georganiseerde magische sessies bij.

Dominee Parris weigert te geloven dat de meisjes behekst zijn, maar geruchten over een kwade spreuk verspreiden zich al door de straten van Salem Village. De meisjes worden voortdurend ondervraagd om te ontdekken welke heks er achter hun betovering zit. Op een dag, tijdens een aanval, fluistert Betty eindelijk de naam Tituba. Waarschijnlijk beïnvloed door de suggesties van hun ondervragers, verbraken Abigail en de anderen het stilzwijgen en noemden unaniem de slaaf en twee andere kwelgeesten, Sarah Good (1653-1692) en Sarah Osborne (1643-1692). Verschillende inwoners van Salem Farms dienden toen een klacht in wegens hekserij en op 29 februari 1692 werden door de magistraten arrestatiebevelen uitgevaardigd. De volgende dag werden de verdachten verhoord.

De drie vrouwen voldoen aan het profiel van heksen zoals beschreven in de populaire verbeelding. De eerste, Tituba, is Indiaans. Ze is van nature onheilig en voorbestemd om de duivel te dienen. De tweede, Sarah Good, is een bedelares die door heel Salem Village wordt veracht. Agressief en vuil, voortdurend onbegrijpelijke woorden mompelend, wordt ze er al van verdacht een epidemie te hebben veroorzaakt in de kudde van een boer. Wat de derde betreft, Sarah Osborne, hoewel zij uit een respectabele achtergrond komt, is haar gedrag in strijd met de puriteinse moraal. De oude dame zou een minnaar hebben genomen die veel jonger was dan zijzelf, voordat ze met hem trouwde toen ze weduwe was. En, erger nog, ze gaat bijna nooit meer naar de kerk.

De verhoren werden afgenomen door twee magistraten van de stad Salem, John Hathorne (1641-1717) en Jonathan Corwin (1640-1718). Deze laatsten waren assistenten in het Massachusetts General Court en hadden zich nooit beziggehouden met zaken van hekserij, die in New England vrij zeldzaam waren.

Het vergaderhuis, dat zowel een kerk als een openbare vergaderplaats was, werd op 1 maart 1692 ingepakt. Veel inwoners stonden nogal sceptisch tegenover de beschuldigingen van hekserij, maar de magistraten slaagden erin om twijfel te zaaien in het publiek met verraderlijke vragen. De verdachten lijken moeite te hebben met het uitspreken van het woord "God" en de verwarringen van twee van hen worden opgevat als leugens. Bovendien schreeuwen de bezeten kinderen in de rechtszaal dat de spoken van de drie vrouwen hen kwellen; ze stuiptrekken, knarsen met hun tanden en slepen zich over de vloer, waarbij ze hun spieren pijnlijk verdraaien.

Toch komt het als een verrassing wanneer Tituba, in plaats van zich te verdedigen, haar misdaden rechtstreeks bekent: "De duivel kwam naar me toe en vroeg me hem te dienen", zegt ze (geciteerd in CRETE (Liliane), *Les sorcières de Salem*, Parijs, Julliard, 1995, p. 66). Vervolgens vertelt zij dat een in het zwart geklede man haar vroeg hem zes jaar lang te dienen in ruil voor vele geschenken. De vreemdeling opende toen een boek waarin Tituba een teken in zijn bloed maakte. De Indiaanse slaaf beweert dat er vele andere handtekeningen in het boek stonden, waaronder die van Sarah Good en Sarah Osborne. Magistraten Hathorne en Corwin achten het bewijs voldoende overtuigend en sturen de drie vrouwen naar de gevangenis van Boston. De zaden van waanzin zijn nu geplant in de hoofden van de mensen. Al snel speculeren sommigen dat het een satanisch complot zou kunnen zijn om Salem te vernietigen, gezien het aantal handtekeningen dat het mysterieuze boek volgens Tituba bevatte.

HET BALLET VAN BESCHULDIGINGEN

Terwijl Tituba, Sarah Good en Sarah Osborne 20 mijl van Salem Village worden opgesloten, verbetert de toestand van de meisjes niet. Ongetwijfeld gekweld door wroeging en angst, blijven ze lijden aan stuiptrekkingen en hallucinaties. Verontrustender is dat zes andere kinderen slachtoffer blijken te zijn van bezetenheid: Mary Warren, Mary Walcott, Susannah Sheldon, Mercy Lewis, Sarah Churchill en Elizabeth Booth. Het kwaad treft ook oudere vrouwen: Sarah Biber, mevrouw Pope, mevrouw Goodall en mevrouw Putman. De laatste is de moeder van Ann Putman Jr., een van de jonge meisjes die al bezeten was. De vrouw, die bedrogen is met een erfenis en ontevreden is met haar positie, is vervuld van woede en frustratie. Geobsedeerd door een verlangen naar wraak, raakt ze ervan overtuigd dat haar ongeluk het resultaat is van een satanisch complot dat Salem Village teistert. Onder normale omstandigheden zou de heksenvervolging gestopt zijn met de gevangenneming van de eerste drie verdachten, maar de waan en wrok van Ann Carr Putman brengen de gebeurtenissen in Salem Village veel verder.

Zij beschuldigde eerst Martha Corey, de vrouw van een boer uit Salem, wat ook door andere bezeten vrouwen werd bevestigd. Als gerespecteerde en religieuze vrouw verschilt het profiel van Martha Corey sterk van dat van de eerste drie beklaagden. Als gevolg daarvan hebben zowel de magistraten als de stedelingen ernstige twij-fels over haar schuld. Maar Martha Corey is een schaam-teloos type en zij verdedigt zich door het bestaan van heksen te ontkennen en geen sympathie te tonen voor de getroffenen. Magistraat Hathorne ondervraagt haar nogal hardhandig en nadat hij genoeg bewijs heeft ver-zameld om haar schuldig te verklaren, stuurt hij haar naar de gevangenis van Salem Farms.

Het verhoor van Dorcas Good (geboren in 1687), de doch-ter van de heks Sarah Good, schokt de bevolking opnieuw. Ze werd ervan verdacht de getroffenen te kwel-len, door haar moeder over te nemen in haar kwade taak. Het kleine meisje, net vijf jaar oud, beweert een slang van haar te hebben gekregen, een bekende die zich voedt door aan haar vinger te zuigen. Het meisje heeft twee kleine tekens op haar vinger en hoewel het een simpele beet zou kunnen zijn, is dit bewijs voor de magistraten voldoende om haar in de gevangenis te gooien.

In de demonologie zijn familiars kleine dieren waarmee de duivel krachten overbrengt op zijn slachtoffers.

Toen was het de beurt aan Rebbeca Nurse (1621-1692). Een gerespecteerde, vrome en liefdadige vrouw, niemand zag haar als een heks. Maar de ondervraging van Dorcas Good liet zijn sporen na: als de duivel een vijfjarig kind kan corrumperen, waarom kan hij dan geen vrome vrouw voor zijn zaak winnen? In twijfel wordt Rebbeca Nurse naar de gevangenis gestuurd.

De beschuldigingen volgden elkaar op en de zaak werd zo omvangrijk dat de hoorzittingen werden verplaatst naar het vergaderhuis in Salem Town, waar meer mensen terecht konden. Andere magistraten kwamen de verhoren zelfs steunen, zoals rechter Samuel Sewall (1652-1730) en zijn broer Stephen (1657-1725). De zogenaamd verlichte en welwillende rechter Samuel Sewall kon de situatie niet tot bedaren brengen. De bezetenen zetten hun macabere spel voort, gevoed door de dubbelzinnige vragen van de magistraten, de verbittering van dominee Parris en het obsessieve delirium van Ann Carr Putman.

Heksen werden niet langer alleen in Salem genoemd, maar ook in de omliggende steden en dorpen. Terwijl sommige aanklachten voor de hand liggen, zoals die van Bridget Bishop (1632-1692), een herbergierster die waarschijnlijk haar man heeft vermoord en volgens geruchten zwarte magie uitoefende, zijn andere verrassender, zoals die van Mary Easty, een vriendelijke buurvrouw en steunpilaar van de kerk. Andere zijn nog fantasierijker, zoals de beschuldigingen tegen Philip English (geboren in 1651), een zeer rijke reder uit Salem, de godsdienstleraar George Burroughs (1652-1692) of kapitein John Alden (1626-1702), een held in vele oorlogen tegen de Indianen. Salem lijkt gek geworden.

VONNISSEN EN VEROORDELINGEN

Begin 1692 werd het politieke leven in Salem opgeschort. Massachusetts moest met Engeland onderhandelen over een nieuw handvest. Zonder wettelijke autoriteiten konden de rechtbanken van Massachusetts geen vonnissen uitspreken. Daarom brachten de eerste beschuldigde vrouwen vele maanden door in de gevangenissen van Salem, Boston en omgeving. De omstandigheden waren erbarmelijk en Sarah Osborne, oud en verzwakt, stierf in haar cel op 10 mei 1692.

Op 14 mei werd de nieuwe gouverneur, Sir William Phips (1651-1695), die net in Boston was aangekomen, geconfronteerd met een verontrustende realiteit: de stad Salem zou worden geteisterd door een groot aantal satanische bezittingen. Om de situatie te sussen richtte hij tien dagen later het *Bijzondere Hof van Oyer en Terminer* (letterlijk "een rechtbank om te horen en te oordelen") op. Negen rechters werden aangesteld om de processen te leiden, waaronder Samuel Sewall, John Hathorne en Jonathan Corwin. William Stoughton (1631-1701), plaatsvervangend gouverneur, werd president van het hof.

Omdat de rechters geen onderscheid konden maken tussen bewijzen en geruchten, vroegen zij advies aan de geestelijken van Boston, met name aan Cotton Mather (1663-1728), een bekende puritein met veel kennis over heksenjachten. Het debat tussen de predikanten en de magistraten was verhit. De eersten pleitten voor voorzichtigheid ondanks hun vurige preken en waren van mening dat spookbeelden niet voldoende waren om een heks te veroordelen. De geestelijken stonden wantrouwend tegenover openbare aanklachten en drongen aan op de noodzaak te verwijzen naar tastbare bewijzen. Voor de magistraten Stoughton en Hathorne daarentegen is het lijden van de getroffenen voldoende bewijs voor de schuld van de verdachten.

De eerste die werd berecht was de herbergierster Bridget Bishop op 2 juni 1692. Haar schuld stond niet ter discussie en de jury achtte haar schuldig, hoewel ze het tegendeel bleef beweren. De rechters veroordeelden haar ter dood en op 10 juni werd Bridget Bishop buiten de stad opgehangen op Gallow's Hill, de heuvel van de galgen.

Niet alle verdachten worden met dezelfde eensgezindheid veroordeeld. Rebecca Nurse, een oude vrouw wiens buren haar vriendelijkheid en vroomheid prijzen, slaagt erin de clementie van de jury te winnen en wordt onschuldig bevonden. Maar het vonnis veroorzaakt een donderslag bij heldere hemel en de getroffen vrouwen krijgen stuiptrekkingen. Met verwrongen ledematen eisen ze de dood van Rebecca Nurse. De rechter vroeg vervolgens om een herziening van het vonnis, zodat de kwelling van de slachtoffers zou ophouden. Ze werd op

19 juli samen met vier anderen, onder wie Sarah Good, naar Gallow's Hill gebracht om te worden opgehangen.

Het doodvonnis voor een vrouw als Rebecca Nurse veroorzaakt paniek. Als zo'n deugdzame beoefenaar wordt opgehangen, is niemand veilig. Sommige families besluiten Salem te ontvluchten voordat de situatie nog erger wordt. Ook andere bewoners vertrekken nadat ze door de getroffenen zijn voorgedragen, uit angst de vragen van de magistraten onder ogen te zien. De rijkeren slagen er meestal in om onder de jurisdictie uit te komen door te vluchten naar steden als New York. De voortvluchtigen werden echter opgejaagd en soms gepakt door de autoriteiten. Bovendien slaagden verschillende gevangenen, waaronder de rijke reder Philip English en kapitein John Alden, erin uit de gevangenis te ontsnappen.

De processen gaan door. Vijf mensen worden opgehangen in augustus en nog eens acht in september. Maar de vonnissen houden geen gelijke tred met het razende tempo van de beschuldigingen: kinderen klagen hun ouders aan, echtgenoten wantrouwen hun vrouwen steeds meer, de armen nemen wraak op de machtigen. In totaal werden meer dan 150 mensen gevangen genomen voor hekserij. Naast de negentien ophangingen stierven zeven mensen in hechtenis. Uiteindelijk werd een oude man genaamd Giles Corey (1611-1692) veroordeeld tot marteling omdat hij weigerde te getuigen tijdens het proces tegen zijn vrouw Martha. Zijn ribbenkast werd verpletterd door stenen en hij stierf na drie dagen. Zijn dood brengt het totale aantal slachtoffers van deze heksenprocessen op 27.

EFFECTEN

DE VAL VAN SALEM EN DE PURITEINEN

Tegen het einde van de zomer van 1692 waren de puriteinse priesters steeds meer gekant tegen de methoden van de magistraten en wilden ze meer dan alleen spookbewijs om de beschuldigden te veroordelen. Hoewel zij erin slaagden hun congregatie achter dit standpunt te krijgen, verloren de heksenprocessen geleidelijk aan publieke steun. Het oordeel van de getroffenen werd in twijfel getrokken en naarmate ze minder gevraagd werden, kwamen hun hysterische aanvallen minder vaak voor. Geleidelijk aan begon de bevolking te twijfelen aan de juistheid van de gebeurtenissen en vreesde dat onschuldigen ten onrechte waren veroordeeld.

Gouverneur William Phips was het met iedereen eens en ontbond in oktober het *Bijzondere Hof van Oyer en Terminer* en verklaarde dat spectraal bewijs niet langer toelaatbaar was. Veel gevangenen werden vrijgelaten en er werden steeds minder processen gehouden. De laatste ter dood veroordeelde gevangenen kregen uiteindelijk gratie van de gouverneur, die algemene amnestie afkondigde. Dit betekende echter niet dat alle verdachten werden vrijgelaten. Er moest namelijk eerst gevangenisgeld worden betaald voordat de cellen werden geopend en velen konden zich dat niet veroorloven. Dominee Parris weigerde bijvoorbeeld te betalen voor de vrijlating van Tituba, die hij verantwoordelijk achtte voor al deze gebeurtenissen.

Terwijl Increase Mather (1639-1723), president van Harvard en een gerespecteerd puritein, een beroemde tirade schreef: "Het is beter tien vermeende heksen te laten ontsnappen dan één onschuldige te veroordelen" (geciteerd in CRETE (Liliane), *Les sorcières de Salem*, Parijs, Julliard, 1995, blz. 280), koos zijn zoon Cotton Mather ervoor de strijd tegen Satan voort te zetten. Inderdaad, hoewel hij altijd pleitte voor matiging in de Salemprocessen, twijfelde hij nooit aan het bestaan van de duivel. In zijn geschriften over satanisme verdedigde hij de magistraten van het *Hof van Oyer en Terminer*, maar zijn obsessie vernietigde uiteindelijk zijn reputatie.

Twee eeuwen lang werden de puriteinen beschouwd als de hoofdschuldigen van de tragedies in Salem en hun invloed bleef afnemen. In een Angelsaksische wereld die aandrong op terughoudendheid bij heksenprocessen, werden de puriteinen ervan beschuldigd met hun retoriek de hartstochten op te stoken. De geschriften van Cotton Mather speelden een belangrijke rol bij het smeden van deze beschuldiging. Het waren echter de magistraten die verantwoordelijk waren en zij waren bijzonder ijverig in hun jacht op de heksen van Salem.

De gevolgen waren niet alleen psychologisch. De voorheen welvarende stad kreeg een zware economische tegenslag in 1692. Veel dorpelingen gaven hun baan op om de processen te volgen, terwijl anderen de regio ontvluchtten uit angst om te worden vervolgd, waardoor de productie sterk daalde.

DE OORZAKEN VAN MASSAHYSTERIE

Veel onderzoekers hebben geprobeerd de redenen te begrijpen waarom een gemeenschap als Salem zo op heksenjacht ging. De gebeurtenis lijkt misschien onbeduidend in vergelijking met de grote Europese vervolgingen, die veel gewelddadiger en spectaculairder waren, maar in de Angelsaksische wereld, die meestal zo gematigd is als het om heksenprocessen gaat, blijven de gebeurtenissen uitzonderlijk.

In dit geval worden de beschuldigers door sommigen gezien als kinderen met te veel macht. Op de manier van een spel zouden ze degenen hebben aangewezen die ze wilden zien verdwijnen. Maar Betty Parris, Abigail Williams, Mercy Thompson en de anderen waren echt ziek. Lijdend aan psychische stoornissen waren deze meisjes waarschijnlijk bonafide, maar de ziekte die hen bezat zal pas in de XXe eeuw door de moderne geneeskunde correct worden gediagnosticeerd. Het waren in feite gevallen van hysterie, een neurose die oncontroleerbare emotionele crises veroorzaakt. Deze ziekte wordt vooral bevorderd door bepaalde fobieën of een stressvolle omgeving.

Het constante klimaat van angst in Salem speelde daarom waarschijnlijk een grote rol in de gebeurtenis. Ten tijde van de gebeurtenis waren de Britten net een groot conflict met Frankrijk te boven gekomen, terwijl Salem niet lang daarvoor een grote pokkenepidemie had doorgemaakt en er voortdurend talrijke schermutselingen met indianenstammen plaatsvonden. Naarmate meer en meer buitenlanders werden aangetrokken door het prestige van de stad, vreesden de puriteinen dat zij hun privileges niet zouden behouden. Uiteindelijk was het lot van de kolonie twijfelachtig, want begin 1692 werd met de Engelse kroon onderhandeld over een nieuw handvest. Al deze elementen droegen bij tot de constante angst, spanning en wantrouwen en creëerden een context voor massahysterie.

Ten slotte is er een vrij wijdverspreide theorie dat de gebeurtenissen werden veroorzaakt door besmetting met moederkoren. Deze schimmel, die in granen (vooral rogge) groeit, bevat een van LSD afgeleide stof, die de eigenschap heeft hallucinaties te veroorzaken.

ALS BEULEN OM VERGIFFENIS VRAGEN

Gedurende 20 jaar zullen de verantwoordelijken voor de gebeurtenissen om vergiffenis vragen om te boeten voor hun zonden. Rechter Samuel Sewall verontschuldigde zich zelfs persoonlijk voor zijn betrokkenheid bij de gebeurtenissen. Het gerechtshof van Massachusetts verklaarde de heksenprocessen al snel vogelvrij, net als heel New England: er werden geen heksen meer veroordeeld door de Amerikaanse autoriteiten. Bovendien bood een wet van de Massachusetts Bay Company uit 1711 financiele compensatie aan de erfgenamen van de slachtoffers.

Maar de schade aan de gemeenschap van Salem kan niet worden uitgewist met woorden en geld. De gebeurtenissen van 1692 blijven een pijnlijke periode in de Amerikaanse koloniale geschiedenis, een die een blijvende indruk op de geesten heeft achtergelaten.

SAMENGEVAT

- Tijdens de 18e eeuw trok Engeland erop uit om Amerika te veroveren en stichtte 13 kolonies langs de oostkust. Salem, een welvarende puriteinse stad, werd in 1628 gesticht in Massachusetts. Het leven was echter hard door de vijandigheid van de Indianen en de oorlogen tegen de Fransen.

- In de winter van 1691-1692 brengen de dochter en het nichtje van dominee Parris hun dagen door met de slavin van de familie, Tituba, die hen goocheltrucs en waarzeggerij leert. Omdat ze zich schuldig voelen over deze door de bijbel verboden praktijken, krijgen ze hysterische aanvallen die suggereren dat ze bezeten zijn door demonen.

- Al snel worden andere meisjes in Salem Village door dezelfde aandoeningen getroffen. De getroffen meisjes noemen uiteindelijk hun vermeende kwelgeesten: de slavin Tituba, de bedelares Sarah Good en de onzedelijke Sarah Osborne. Alle drie passen ze in het typische profiel van een heks.

- Als Tituba door twee magistraten wordt ondervraagd, bekent ze tot ieders verbazing direct een pact met de duivel te hebben gesloten. Ze beweert ook dat er veel andere heksen in Salem zijn, wat paniek veroorzaakt in de stad.

- Nieuwe slachtoffers melden zich en wijzen op hun beurt naar andere vermeende heksen. Beschuldigingen leiden tot meer beschuldigingen en niemand is veilig voor een proces. Zelfs de elite, zoals geestelijken, rijke kooplieden en oorlogshelden, werden berecht voor satanische praktijken. Meer dan 150 mensen werden opgesloten en de gevangenissen zaten vol met heksen.

- In mei 1692 richtte de nieuwe gouverneur William Phips een *Speciaal Hof van Oyer en Terminer* op om hekserij aan te pakken. De magistraten leidden 19 mensen naar de galg, ondanks pogingen van puriteinse dominees om hen te kalmeren.

- Na verzet van de geestelijkheid en een groeiend deel van de publieke opinie werd het *Hof van Oyer en Terminer* in oktober 1692 ontbonden. De laatste veroordeelden kregen gratie en gevangenen voor hekserij kregen amnestie.

- De autoriteiten van Massachusetts hebben de volgende 20 jaar boete gedaan voor de onschuldigen die naar de galg waren gestuurd. Sommige magistraten boden publiekelijk hun excuses aan en de families van de slachtoffers kregen een schadevergoeding. Maar het kwaad was geschied en de tragische gebeurtenis zou nog eeuwenlang haar stempel drukken op de populaire verbeelding.

OM VERDER TE GAAN

BIBLIOGRAFISCHE BRONNEN

BECHTEL (Guy), *La sorcière et l'Occident*, Parijs, Plon, 1997.

BERNAND (Carmen) en Gruzinski (Serge), *Histoire du nouveau monde*, Parijs, Fayard, 1991-1993.

CRETE (Liliane), *Les sorcières de Salem*, Parijs, Julliard, 1995.

GRAGG (Larry), *The Salem Witch Crisis*, New York, Praeger, 1992.

LACROIX (Jean-Michel), *Histoire des États-Unis*, Parijs, PUF, 2006.

L'atlas des religions, Parijs, Le Monde en Malesherbes Publications, 2015.

MORGAN (Edmund S.), *The Puritan Family: Religion and Domestic Relations in Seventeenth-Century New England*, New York, Harper and Row, 1966.

MUCHEMBLED (Robert), *Une histoire du diable (XIIe-XXe siècle)*, Parijs, Seuil, 2002.

PALOU (Jean), *La sorcellerie*, Parijs, PUF, 1992.

WAYNE (Andrews), *Concise Dictionary of American History*, Londen, Oxford University Press, 1967.

AANVULLENDE BRONNEN

ARONSON (Marc), *Witch-Hunt: Mysteries of the Salem Witch Trials*, New York, Simon and Schuster, 2003.

CARO BAROJA (Julio), *Les sorcières et leur monde*, Parijs, Gallimard, 1972.

Ginzburg (Carlo), *Le sabbat des sorcières*, Parijs, Gallimard, 1992.

Hɪʟʟ (Frances), *A Delusion of Satan: The Full Story of the Salem Witch Trials*, Boston, Da Capo Press, 2002.

Mɪʟʟᴇʀ (Arthur), *De heksen van Salem*, Parijs, Robert Laffont, 1961.

Muᴄʜᴇᴍʙʟᴇᴅ (Robert), *La sorcière au village (xve-xviiie siècle)*, Parijs, Gallimard, 1979.

Rᴏᴀᴄʜ (Marilynne K.), *The Salem Witch Trials, a Day-By-Day Chronicle of a Community Under Siege*, Lanham, Taylor Trade Publishing, 2004.

ICONOGRAFISCHE BRONNEN

Tekening van Martha Corey in haar cel. De gereproduceerde foto wordt geacht vrij van auteursrechten te zijn.

Gravure van het Salem proces. De gereproduceerde foto wordt geacht vrij van auteursrechten te zijn.

DOCUMENTAIRE EN MIDDELEN

Salem Witch Trials, http://salem.lib.virginia.edu/home.html. Site met verschillende bronnen over de processen van Salem (archieven, artikelen, biografieën, kaarten, enz.).

Bewitched, documentaire van Mark Lewis, UK, 2002.

MUSEA EN GEDENKGEBOUWEN

Salem Witch Museum, Washington Square North, Salem, USA.

Het heksenhuis, het huis van magistraat Jonathan Corwin, in Salem.

Het monument voor slachtoffers van hekserij in Salem Village, Danvers (USA).

*We horen graag van u! Laat
een reactie achter op jouw online bibliotheek
en deel je favoriete boeken op social media!*

Master ISBN: 9782808604604
Papier ISBN: 9782808605816
Wettelijk depot: D/2023/12603/8

Digitaal ontwerp: Primento,
de digitale partner van uitgevers.